INVENTAIRE
Z 19,923

Z
2178

C.

4923

LETTRE
DE MONSIEVR
DE BALZAC,
A MONSIEVR
DV MOVLIN.

M. DC. XXXIII.

LETTRE DE MONSIEVR
de Balzac, à Monſieur du Moulin.

MONSIEVR,

Il n'y a point de modeſtie qui puiſſe reſiſter aux loüanges qui viennent de vous, & ie ſerois diſſimulé ſi ie n'auoüois que i'ay pris plaiſir de me laiſſer corrompre par les premieres lignes de voſtre lettre : Mais il faudroit ſe connoiſtre moins que ie ne fais, pour demeurer longuement dans cét erreur. On ſe réueille apres auoir fait vn ſonge agreable; & ie vois aſſez que quand vous auez parlé ſi

A ij

auantageusement de mon trauail, vous ne vous estes pas seruy de toute la seuerité de vostre iugement; vous m'auez fait faueur plutost que Iustice, & m'auez voulu obliger au hasard d'offencer la verité. A cette heure que vous estes au but, vous encouragez des mains & de la voix ceux qui sont dans la carriere; & pour leur persuader de vous suiure, vous leur faites acroire qu'ils vous passeront. Voila sans mentir vn admirable artifice, & que ie n'ay pas découuert du premier coup : Mais quoy qu'il en soit, & de quelque principe que me vienne cette glorieuse approbation, ie n'en fais pas moins de cas qu'vn ambitieux d'vne Couronne; & sans penetrer dans vostre dessein, ie iouis de ma fortune. Elle n'est pas petite, Monsieur, d'estre ai-

mé de vous, que i'ay tous-jours par-
faitement estimé, & que ie regarde il
y a long-temps dás le party Hugue-
not, comme vn excellent Pilote qui
braue toute vne flotte dans vn bri-
gantin. Nous auons le droict &
l'authorité: Mais vous auez l'adres-
se & les stratagémes, & ne vous as-
seurez pas moins en vostre esprit
que nous nous fiós à nostre cause. Il
est certain que par là vous pourriez
donner à vne sedition l'apparence
d'vne iuste guerre, & à vne multitu-
de de mutins la face d'vne armee
bien disciplinee. Par là vous rendez
agreable à beaucoup de gens vne
opinion qui a perdu la grace de la
nouueauté; quoy qu'elle panche sur
son declin, il faut auouer qu'elle a
encore des attraits & de la couleur
dans vos escrits, & que iamais hom-

me n'a couuert plus finement de la foiblesse, ny soustenu des ruines auec tant de force

si pergama dextra
Deffendi possent etiam hæc deffensa fuissent.

Ie tiens tousiours ce langage quand il est questiō de parler de vous, & ne prens point de part aux passions du vulgaire, qui ne se conserue iamais la liberté de son iugement, & ne connoist ny defaut aux siens, ny de vertu étrangere. Pour moy, de quelque nuage que sorte le iour, il me semble beau; & ie m'asseure qu'à Rome les honnestes gens loüoient Hannibal, & qu'il n'y auoit que des faquins qui luy dissent des injures. Aussi est-ce espece de sacrilege, de vouloir rauir à qui que ce soit les dons de Dieu, & si ie ne confessois que vous auez beaucoup receu, ie croirois estre injurieux à celuy qui vous a beaucoup donné, & dans vne differente cause offencer nostre commun Bien-facteur. Il est vray qu'aucunes-fois ie n'ay pas flatté vostre party, & ie me suis vn peu émeu contre les Auteurs de ces dernieres brouïlleries : Mais ayant remarqué dans vos Liures que nos sentimens estoient conformes, & que la subjection qui est deuë au Souuerain faisoit vne partie de la Religion que vous enseignez, i'ay pensé pouuoir dire de vostre consentement tout ce que i'ay dit, & que ie n'estois en cela que vostre simple Interprete. Soit que la tempeste se forme par le vent du Nort ou par celuy du Midy, elle m'est également odieuse : & ie ne prens conseil en ce qui regarde mon deuoir ny de l'Angleterre ny de l'Espagne. Mon humeur n'est pas de combattre contre le temps, & de m'opposer aux choses presentes. I'ay de la peine à conceuoir seulement l'idee de Caton & de Brutus, & ayant à viure sous la puissance d'autruy, ie ne treuue point de vertu plus commode que l'obeïssance. Si i'étois Suisse, ie me contenterois d'estre compere du Roy, & ne voudrois point estre son sujet, ny changer ma liberté auec le meilleur maistre du monde: Mais puis que Dieu m'a fait naistre dans des chaisnes, ie les porte gayement, & n'estans ny rudes ny pesantes ie ne veux point me gaster les dents à essayer de les rompre. Il y a apparence que le Ciel approuue vn Gouuernement qu'il a maintenu par vne succession de douze Siecles,

le

le mal qui auroit si long-temps duré seroit deuenu aucunement legitime. Et si la vieillesse des hommes est venerable, celle des Estats doit estre saincte. Ces grands esprits que i'ay designez en mon ouurage, & que vous auez eu dans vostre party, deuoient venir au commencement du monde, pour donner des loix aux nouueaux peuples & trauailler à l'establissement de la police: Mais comme il est necessaire d'inuenter de bonnes choses, aussi certes il est tres-dangereux de vouloir changer mesmes les mauuaises. Ie n'ay point, Monsieur, de cruelles pensees que celles-là pour les Chefs de party, ie traite de la sorte l'ennemy, & n'ay garde d'insulter sur vos miseres comme vous me le reprochez ciuile-

B

ment. Moy qui ay escrit que le Roy seroit beny de tout le monde, si apres auoir abattu l'orgueil des Rebelles il ne s'attachoit point à l'infortune des affligez. Les persecuteurs de ceux qui se rendent me sont en pareille execration que les violateurs des tombeaux, & ie n'ay pas seulement pitié de l'affliction, ie l'ay en quelque sorte de reuerence. Ie sçay qu'autrefois on consacroit les lieux qui auoient esté frappez de la foudre; le doigt de Dieu estoit respecté en la personne des miserables, & les grandes auersitez donnoient plutost de la religion, qu'elles ne receuoient de reproches : Mais ce seroit parler improprement, que d'appeller ainsi les bons succés des armes du Roy : Nous auós tous gaigné en sa victoire, toute la peine qui a esté imposee aux vostres, a esté d'estre aussi heureux que nous, & ils sont aujourd'huy possesseurs & iouïssans de cette seureté dont ils n'estoient qu'amoureux & ialoux auant que leurs villes fussent prises. Nostre Prince ne veut point mettre de joug sur les consciences de ses subjets, il ne desire point faire receuoir par la force ce qui ne peut estre bien receu que par la persuasion, ny se seruir contre les François des remedes qui ne sont bons que contre les Maures. Si le Roy de Suede vse ainsi de sa prosperité, & qu'il ne sallisse point vne grace si pure par des proscriptions & par des supplices, ie vous promets de faire ce que vous desirerez de moy, & d'employer tout mon art &

B ij

tous mes outils à luy ériger vne statuë: c'est iustement toucher mon inclination que de me prier de loüer ce Prince; quand toutes les Couronnes qui sont semees sur son escharpe seroient changees en autant de Royaumes, il me semble qu'il n'y en auroit pas trop pour recompenser vne si rare vertu, ny pour occuper vn esprit si vaste. Comme ie n'attens rien que de grand de sa valeur, ie n'espere rien de sa probité: & bien qu'on ait annoncé en Espagne qu'il estoit le veritable Antechrist, ie ne suis ny assez deuot pour croire ceste nouuelle, ny assez timide pour m'en effrayer. Ie dis seulement aux scrupuleux qui me font là dessus des questions, que cependant le Roy a là vn second qui le sert fort bien, & qu'on ne pouuoit prefenter à la maifon d'Auftriche vn amufement qui la deftournaft mieux du foin qu'elle prenoit de nos affaires. Ie ne paſſeray pas outre, Monfieur, il vaut mieux s'arrefter à la porte des lieux Saincts que d'y entrer fans preparation, outre que ce difcours eſt defia bien long pour vn commencement de connoiſſance. Pardonnez s'il vous plaiſt au contentement que i'ay de vous entretenir, qui eſt cauſe que ie ne me fuis fouuenu ny de vos occupations, ny de ma couſtume. Elle n'eſt pas de prefcher auec mes amis : Mais vous m'auez donné le texte que i'ay traitté, & i'ay creu que vous ouurant d'abord le fonds de mon cœur, & ne vous diſſimulant point

mes sentimens, vous prendrez à
l'auenir confiance en ma franchise,
auec laquelle ie vous proteste fort
veritablement que ie suis,

MONSIEVR,

*Vostre tres-humble & tres-
affectionné Seruiteur,*

BALZAC.

BIBLIOTHEQUE NATIONALE DE FRANCE

3 7531 03327554 7